Theodor Zahn

Weltverkehr und Kirche während der drei ersten Jahrhunderte

Theodor Zahn

Weltverkehr und Kirche während der drei ersten Jahrhunderte

ISBN/EAN: 9783743473300

Hergestellt in Europa, USA, Kanada, Australien, Japan

Cover: Foto ©ninafisch / pixelio.de

Manufactured and distributed by brebook publishing software
(www.brebook.com)

Theodor Zahn

Weltverkehr und Kirche während der drei ersten Jahrhunderte

-

Weltverkehr und Kirche

während

der drei ersten Jahrhunderte.

Vortrag

in den evangelischen Vereinen zu Bremen und Hannover gehalten

von

D. Theodor Zahn,

o. Professor der Theologie in Kiel.

Hannover.

Carl Meyer.

1877.

Hofbuchdruckerei der Gebr. Jänecke in Hannover.

Unter den Urſachen, welche zuſammengewirkt haben, der Welt, in welcher wir leben, ihr eigenthümliches Gepräge zu geben, iſt eine der deutlichſten und wirkſamſten die völlige Veränderung der Verkehrsmittel, welche in den letzten fünfzig Jahren ſich vollzogen hat. Seitdem man die Dampfkraft zur Beförderung der Perſonen und Güter zu Waſſer und zu Land benutzen gelernt hat, ſeitdem die Electricität das Wort mit der Schnelligkeit des Blitzes über die Länder und Welttheile trägt, hat ſich eine Circulation des geiſtigen wie des materiellen Lebens der Menſchheit hergeſtellt, in Vergleich womit aller frühere Weltverkehr dieſen Namen kaum zu verdienen ſcheint. Heute kann ſich in den civiliſirten Ländern Niemand dem mächtigen Eindruck vom Zuſammenhang aller Theile der Erde entziehen, welchen in den vorangegangenen Jahrhunderten immer nur Wenige an wenigen Orten und auch da kaum annähernd ſo wie wir empfingen. Wenn dem Tagelöhner auf dem Lande ein Brief ins Haus getragen wird, welcher 2—3 Wochen vorher in Amerika geſchrieben wurde; wenn wir heute Abend ſchwarz auf weiß vor Augen haben, was geſtern in Konſtantinopel ſich zutrug; wenn der deutſche Miſſionar in Oſtindien Abends einen Auftrag ausführt, welchen ſeine Vorgeſetzten in der Heimat am Morgen desſelben Tages durch den Telegraphen ihm ertheilt haben; oder wenn wir einen Japaneſen in europäiſcher Kleidung

die Hörsäle einer deutschen Universität betreten sehen, so
ist damit nur an einiges Auffällige erinnert, was die Be-
dingungen unserer Vorstellungen vom Weltzusammenhang
von denjenigen unterscheidet, unter deren Einfluß unsere
Großväter standen. Wichtiger für unser geistiges und
sittliches Leben, für unser bürgerliches und unser kirchliches
Gemeinwesen sind andere Erscheinungen, welche sich im
Ganzen in viel engeren Schranken, nämlich innerhalb der
Grenzen der Nation, des größeren Staates halten. Eine
Mischung der Bevölkerung in den großen und mittleren
Städten, wie sie erst in den letzten Jahrzehnten möglich
und wirklich geworden ist, der häufige Wechsel des Wohn-
sitzes großer und einflußreicher Bestandtheile unserer Gesellschaft, der schnell und leicht zu bewerkstelligende per-
sönliche Verkehr zwischen Solchen, die vor einem Menschen-
alter noch fast ganz auf das unlebendige Mittel einer
langsam beförderten brieflichen Correspondenz angewiesen
waren: dies und Anderes hat nicht nur unsern Horizont
erweitert, sondern auch unser Leben umgestaltet. Vorzüge
und Nachtheile einer Zeit, deren Vertreter unter uns aus-
zusterben beginnen, sind in rascher Abnahme begriffen.
Mag man nun ein Lobredner der alten Zeit sein oder
mehr des Fortschritts menschlicher Cultur sich freuen, das
verbirgt sich Niemand, dem das Wohl seines Volks am
Herzen liegt, daß diese neue Zeit uns neue und schwierige
Aufgaben gestellt hat, von deren Lösung es abhängt, ob
der Fortschritt menschlicher Cultur zugleich eine Anbahnung
der Barbarei und der Untergang der edelsten allen Zeiten
gleich unentbehrlichen Güter für die Meisten werden soll,
oder nicht.

　　Es würde dem, dessen nächster Beruf die wissenschaftliche Lehre ist, übel anstehen, wenn er zumal an diesem Orte Rathschläge darüber geben wollte, wie die evangelischen Christen jene Aufgaben zu lösen haben, oder wenn er gar Urtheile aussprechen wollte über die Arbeit, welche in dieser Richtung gethan wird. Aber es sei erlaubt daran zu erinnern, daß nicht Alles, was als eigenthüm= licher Zug im Leben der Gegenwart, als schwierige Aufgabe erst unserer Zeit gilt, in dem Maße neu ist, als es auf den ersten Blick erscheint. Immer wieder muß. man sich des Irrthums erwehren, als ob die Geschichte des Welt= lebens und die Entwicklung menschlicher Cultur auch nur im Ganzen und Großen eine geradlinige wäre, ein Fort= schreiten von den einfacheren, roheren, beharrlicheren Formen des Alterthums zu den verwickelteren, feineren und flüssigeren Lebensformen der Neuzeit. In der That ist mehr als einmal eine hohe Cultur zu Grunde gegangen, welche Jahr= hunderte lang große Theile der Welt zu einem Ganzen von reicher und mannigfaltiger Bildung verband; es sind Bahnen des Weltverkehrs wieder verschüttet worden, Mittel der Weltbeherrschung wieder verloren gegangen. Geistige und materielle Aufgaben, an deren Lösung große Kräfte sich versucht hatten, haben auf lange Zeit aufgehört, das Interesse der Menschheit in Anspruch zu nehmen, um dann aufs neue in einer veränderten Welt unter viel einfacheren Verhältnissen und von viel plumperen Händen wieder in Angriff genommen zu werden. Auch Christenthum und Kirche haben sich schon einmal in einer Welt zu behaupten gehabt, welche durch eine hohe, vom Christenthum unab= hängige Cultur, durch einen überaus lebhaften Verkehr aller ihrer Theile unter einander, durch eine Mischung der Bevölkerung so bunt und so rasch wechselnd, wie wir sie

heute kaum irgendwo antreffen, der Pflege christlicher Ge-
sittung und kirchlichen Gemeinlebens mindestens ebenso
große Schwierigkeiten bereitete, als die sind, welche uns
neu erscheinen. Das gilt von der Kirche der Apostel und
der Märtyrer im römischen Kaiserreich. Es schien mir
nicht ohne Interesse und selbst nicht ganz ohne Lehre für
die Gegenwart, das Verhältnis der ältesten Kirche zum
Weltverkehr ihrer Zeit zum Gegenstand einer besonderen
Betrachtung zu machen. Ich beschränke mich auf die drei
ersten Jahrhunderte der Kirche, um nicht durch Berück-
sichtigung gar zu verschiedenartiger und sich verändernder
Zustände mir die Darstellung, Ihnen die Anschauung
allzusehr zu erschweren. Die Erhebung des Christenthums
zur herrschenden Religion hat nicht nur die sociale Stellung
der Kirche und das Verhältnis der Christen zur Welt
wesentlich verändert; ziemlich gleichzeitig damit vollzog sich
auch in den allgemeinen Culturverhältnissen ein Umschwung,
welcher der Welt eine andere Gestalt gab.

Die Welt, in welcher das Christenthum zuerst Wurzel
schlug, war eng im Vergleich zu der unsrigen. Von den
damals unentdeckten Welten zu schweigen, so waren auch
von den drei Erdtheilen, welche ums mittelländische Meer
herum sich die Hände reichen, den Völkern, welche damals
die Träger der Weltgeschichte waren, nur einige Theile
wirklich und regelmäßig zugänglich: von Afrika nur der
nördliche Küstensaum und das Land des Nils, von Asien
nur der Westen bis zum Euphrat, von Europa nur was
südlich von der Donau und westlich vom Rhein liegt.
Wenn dann und wann unternehmende Kaufleute bis an
die Küsten unsrer Ostsee und selbst bis nach China vor-
drangen, wenn Jahr aus Jahr ein zahlreiche alexandrinische

Kauffahrer nach Ostindien gingen, so war doch „die eigentliche Welt," wie man gelegentlich sagte [1]), das römische Reich, welches mit unerheblichen Schwankungen auf die angegebenen Grenzen beschränkt war. Wo nicht das freie Meer die Grenze bildete, war durch die Feindschaft barbarischer Nachbarn, durch römische Grenzbefestigungen und lästige Zölle eine chinesische Mauer gezogen, welche die eigentliche Welt vom Rest der wirklichen schied. Aber das so umgrenzte römische Reich war wirklich ein Weltreich. Wie viele einst selber herrschende oder doch unabhängige Völker waren in den Rahmen dieses Reiches gefaßt, zu regem Austausch aller Güter verbunden und an vielen Punkten zu einer neuen Bildung verschmolzen!

Schon lange bevor die Römer die Weltherrschaft gewonnen, waren große Länder ganz oder theilweise ihren ursprünglichen Besitzern, ihrer eingeborenen Sprache und Bildung entfremdet. Im Westen des Mittelmeeres hatten die Römer den phönizischen Handelsstaat von Karthago erst vernichten müssen, um an der Nordküste von Afrika, in Spanien und Sicilien die Herren zu werden. Die schmiegsameren Griechen, welche durch ihre dichtgesäeten Colonien dem südlichen Italien den Namen Großgriechenland gegeben, in Sicilien lange geherrscht und noch an manchem Küstenpunct sich niedergelassen hatten, ließen die Römer sitzen, wo sie saßen und bahnten ihnen nur breitere Wege, die Künste des Friedens, in welchen sie Meister waren, in den westlichen Ländern zu verbreiten.

Im Osten war griechisches Wesen mit Alexander dem Großen in jedem Sinne des Worts erobernd aufgetreten. Als die römischen Legionen ihren Fuß nach Asien, dann nach Egypten setzten, stießen sie dort zunächst nicht auf

Syrer und Egypter, sondern auf griechisch redende und griechisch gebildete Herrscher und Städte. Kleinasien war ein fast völlig griechisches Land geworden; es wird als etwas Auffälliges in der Apostelgeschichte (14, 11) besonders bemerkt, daß die Bewohner von Lystra in einem Augenblick höchster Erregung in ihrer lykaonischen Muttersprache ihr Staunen über eine Wunderthat des Apostels Paulus äußerten. In Syrien und Egypten war es anders. Dort behaupteten sich die Landessprachen einigermaßen, bei der Landbevölkerung sogar bis dicht vor die Thore der großen griechischen Residenzen [2]); aber verstanden und im Handel und Wandel vielfach gebraucht wurde die griechische Sprache bis tief ins Innere jener Länder. Ihr entlehnten die Syrer Fremdwörter zur Bezeichnung der gewöhnlichsten Gegenstände, wie wir dem Französischen; selbst ihr „denn" und „aber" waren griechische Wörter. Ein Bedürfnis, die Landessprachen zu erlernen, war für Wenige vorhanden. Auch Palästina war von griechischem Wesen schon stark durchsetzt. In Jerusalem sprachen nicht wenige Juden griechisch, und die Meisten verstanden wenigstens etwas davon. Die Juden in der Zerstreuung, deren allein Egypten eine Million zählte, hatten zum Theil ihre Muttersprache verlernt; auch den Gelehrten unter ihnen war die griechische Uebersetzung des alten Testaments wenigstens bequemer als der Grundtext. Sie lasen die griechischen Dichter und Philosophen so gut wie die Juden, die unter uns wohnen, die unsrigen.

Aber bei aller dieser Mischung der Völker und Sprachen, der Cultur und der Denkweise, bestanden im Osten selbständige und auf einander eifersüchtige Reiche und kleinere Staaten, bis die Römer kurz vor der Periode,

auf welche sich mein Vortrag bezieht, sie alle ihrer Herr-
schaft unterworfen und mit den westlichen Culturländern
zu einem Reich verbunden hatten. Seitdem erst, seitdem
aber auch mit vollem Recht, kann man von Weltverkehr
reden. Wesentliche Bedingungen für einen solchen waren
nun erst geschaffen. Das Griechische wurde nun Weltsprache
in einem Maße, wie zuvor noch nicht. Wen sein Lebens-
weg aus dem innern Asien nach dem fernen Westen führte,
den befähigte die Kenntnis dieser Sprache, die er schon in
der Heimat kaum entbehren konnte, sich überall zu ver-
ständigen. Er hörte sie in den Straßen von Rom und
Marseille sprechen. Man verlangte gar nicht von ihm,
daß er die Sprache der Römer lerne. Die höher gebil-
deten Römer, wie ihre zum großen Theil aus dem Orient
stammenden Sclaven, verstanden meistens das Griechische
vollkommen. Der Kaiser Marc Aurel schrieb griechisch,
wie Friedrich der Große französisch, aber ohne daß man
darin eine Entfremdung des Römers von der Bildung
seines Volks erkannt hätte. Er stand darin auch nicht
allein unter den römischen Schriftstellern seiner Zeit.

Zu dieser Erleichterung des Verkehrs, welche in der Verbreitung einer zu jedem Gebrauch tauglichen Sprache lag,
kam eine äußere Sicherheit, welche als ein Geschenk der neuen
Zeit lebhaft empfunden wurde. Es war nicht immer „Friede
auf Erden", seitdem die Engel das gesungen haben. Aber
die meisten und gefährlichsten Kriege wurden an den Grenzen
des Reichs geführt und störten den Verkehr im Innern
nicht wesentlich. Das Seeräuberwesen, welches vordem den
Handel in der östlichen Hälfte des Mittelmeers immer
wieder gedrückt hatte, war ausgerottet. Auf den Land-
straßen herrschte, soweit der Schritt römischer Soldaten

zu hören war, von England bis zum Euphrat durchweg
eine viel größere Sicherheit, als heute in Sicilien und
in den meisten vom Sultan beherrschten asiatischen Ländern. Griechen und Juden, Christen und Heiden waren
einig im Lob dieses Weltfriedens, den sie Rom und
seinen Kaisern verdankten³). Ein großartiges System
trefflicher Straßen verband die Hauptstadt mit den ent-
legensten Punkten des Reichs und zeugt in seinen Trüm-
mern noch heute vielfach von einer begrabenen Cultur in
jetzt verwilderten Ländern. Zunächst für militärische Zwecke
gebaut, dienten diese Straßen doch ebensosehr dem allgemeinen Verkehr. Personen und Güter wurden auf denselben nicht langsamer befördert, als vor Einführung der
Eisenbahn irgendwo in Deutschland. Zwar die kaiserliche
Post diente nur dem Verkehr der Behörden und solcher
Privatpersonen, welche ausnahmsweise durch ihre Beziehung
zu hohen Beamten oder wegen eines vorübergehenden amt-
lichen Auftrags an deren Privilegien' theilnahmen. Aber
abgesehen davon, daß man im Alterthum wohl häufiger
wie heute auch auf der Landstraße zu Fuß reiste, so stand
in den civilisirteren Theilen des Reichs ein ausgebildetes
Lohnfuhrwesen zur Verfügung, welches den Reisenden nur
ausnahmsweise im Stich ließ. Bei großen Volksfesten,
wie den altberühmten olympischen Spielen, kam es etwa
vor, daß auch Einer der zu zahlen vermochte, kein Fuhr-
werk mehr bekommen konnte, wenn Alles vom Ort des
Festes hinwegeilte⁴). Unvollkommener war der Seeverkehr.
Auf die Zeit von Anfang März bis zum Spätherbst war
die Schifffahrt der Regel nach beschränkt; eine Seereise
im Winter wurde nur ungern gewagt. Auch darin zeigte
sich die Unvollkommenheit der Schifffahrt, daß man sich

möglichst in der Nähe der Küsten und Häfen hielt und,
wo theilweise der Landweg zu benutzen war, häufig ein
mehrmaliges Aus- und Einsteigen der langen Seefahrt
vorzog. Aber das Meer, welches die wichtigsten Länder
der damaligen Welt verband, ist auch nur ein Binnen-
meer, welches keine allzu hohen Anforderungen an die
Schifffahrt stellt, und schnell genug wurden schon damals
bei günstigem Wetter die gewöhnlichsten Ueberfahrten be-
werkstelligt. Die Fahrt von dem italischen Hafen Puteoli,
wo einst der gefangene Paulus landete, nach Alexandrien,
wurde etwa in 12 Tagen zurückgelegt. Es kam vor, daß
man denselben Hafen von Korinth aus in 5 Tagen erreichte.

Wenn nun auch ohne Frage das Reisen in jenen Jahrhunderten für den, der nicht über fürstliche Mittel zu ver-
fügen hatte, mit größeren Beschwerlichkeiten verbunden war
als heute, so waren andrerseits der Antriebe zu häufigen
und ausgedehnten Reisen kaum weniger. Es fehlte weder
an Kranken, welche in milderem Klima und fernen Bädern
Heilung suchten, noch an Touristen, welche die Wunder
der Naturwelt, die Werke der Kunst, die Denkmäler der
Geschichte, zumal in Griechenland und Egypten, aufsuchten.
Die unermüdlichsten Reisenden waren damals wie heute
die Kaufleute. Man begreift, wie sie zum Sprichwort
werden mußten, wenn man liest, wie ein alter Kaufmann
aus der phrygischen Stadt Hierapolis auf dem Grabmal,
das er sich und seinen Söhnen setzt, sich rühmt, daß er
72mal die Reise von Kleinasien nach Italien gemacht
habe [5]). Aber es giebt auch Berufsklassen, welche heute ein
vergleichsweise seßhafteres Leben führen wie damals. Viel
unstäter war vor allem das Leben der Gelehrten und der
studirenden Jugend. Es gab Hochschulen, welche einige

Aehnlichkeit mit unseren Universitäten hatten, z. B. in Athen, in Alexandrien, in Rom. Dahin strömte die Jugend, welche nach höherer Bildung strebte, aus allen Ländern des weiten Reichs zusammen, so daß die Zahl der ausländischen Studenten oft die der einheimischen übertraf. Auch wer an einem solchen Bildungssitze zu Hause war, begnügte sich keineswegs immer mit dem Guten, das nahe lag. Der Römer studierte gerne in Athen, der Kleinasiate oft in Rom; mancher hier wie dort. Es galt als Regel, welche man bei der Wahl des Berufs in Betracht zog, daß, wer sich der Wissenschaft ergeben, Vaterland und Familie verlassen und in die Fremde ziehen müsse⁶); und zwar nicht bloß für die Jahre des Lernens, sondern auch für die des Lehrens. Es gab festangestellte, vom Staat besoldete Lehrer der Redekunst und der Philosophie; aber viel größer war die Zahl der Lehrer beider Classen, welchen „die Welt ihr Haus" war. Ohne festen Wohnsitz ließen sie sich bald in dieser bald in jener Stadt für eine Zeit lang nieder, eröffneten einen Hörsaal, und ehe der Reiz der Neuheit zu wirken aufhörte, traten sie eine neue Kunstreise an. So glaubten sie, je nachdem sie von höheren oder niederen Motiven getrieben waren, sei es für die Verbreitung der ihnen wichtigen Wahrheiten, sei es für den eigenen Ruhm und Gewinn am besten zu sorgen. Aehnliches gilt von den Aerzten, sowohl was ihre Ausbildung als was die Ausübung ihrer Kunst betrifft. Auch die höheren Staatsbeamten führten der großen Mehrzahl nach ein uns fremdartiges Wanderleben. Daß einer in Rom seine Laufbahn begann und dann mit verschiedenen Pausen am Rhein, in Nordafrika oder in Kleinasien sie fortsetzte, bis er mit den letzten und höchsten Ehren bekleidet in Rom oder als Privatmann auf seinen Gütern in Italien starb, war nichts Seltenes. Die Oberpräsidenten der Provinzen blieben immer nur wenige Jahre, die der wichtigsten Provinzen nie länger als ein Jahr in ihrem Amte. Sie brachten ihr ganzes Beamtenpersonal mit und machten mit diesem nach Jahresfrist einer von oben bis unten neuen Regierung Platz. Um neben die Regierenden schließlich noch die Dienenden der untersten Classe zu stellen, welche für die Kirche von größter Bedeutung wurden, so blieben die Sclaven zwar zum Theil lebenslänglich im Besitz und Haus eines Herrn; aber geboren waren sie wohl kaum zur Hälfte da, wo sie starben. Die mehr als 900,000 (männliche und weibliche) Sclaven, welche man für das Rom der Kaiserzeit berechnet hat, waren fast sämmtlich ausländischer Abstammung, wenn sie auch nicht erst, wie sehr Viele von ihnen durch Krieg und Handel aus den fernsten Gegenden in die Hauptstadt gekommen waren. Mit einem Wort: in den Weltstädten, deren Einwohnerzahl einer Million sich näherte oder sie überschritt, wie Rom, Alexandrien und Antiochien, aber auch in den Handelsplätzen und Seehäfen von viel geringerem Umfang können wir uns die Mischung der Bevölkerung nicht bunt genug, ihr Ab= und Zufließen nicht rasch genug, und überhaupt den ganzen Weltverkehr jener Zeit nicht lebhaft genug vorstellen.

Wie stellten sich nun die Christen zu diesem Weltverkehr? Es ist vor allem zu antworten: sie betheiligten sich daran aufs lebhafteste. Das war schon, abgesehen von den besonderen Beweggründen, welche in den Aufgaben der Kirche und den besonderen Neigungen der Christen lagen, in dem vorwiegend großstädtischen Charakter der ältesten Kirche begründet. Dieser aber erklärt sich vor allem aus der Weise apostolischer Mission. Paulus, welcher mehr gearbeitet hat als alle anderen Missionare apostolischer Zeit, und von dessen Missionswirksamkeit allein wir eine zusammenhängende Vorstellung haben, fühlte sich nicht berufen, Schritt für Schritt die Welt durchs Evangelium zu erobern und Seele um Seele, wo immer er eine fand, für Christus zu gewinnen, sondern von Anfang an hat er nach den großen Mittelpunkten des Weltverkehrs gestrebt; und zufrieden damit, an solchen Punkten lebensfähige Gemeinden, selbstständige Heerde christlichen Lebens gegründet zu haben, ist er weiter geeilt von der größten Stadt Asiens, Antiochien, bis zur Welthauptstadt Rom. In diesen beiden Städten waren, ohne daß Paulus oder ein anderer hervorragender Missionar den Grund gelegt hätte, Christengemeinden entstanden, nämlich durch den Weltverkehr, welcher wie andere Leute und andere Güter auch Christen und christliche Lehre am leichtesten in die Großstädte führte. Zu den Großstädten zweiten Rangs gehören diejenigen, wo Paulus am längsten freiwillig in der Ausübung seines Berufs verweilt hat. Korinth, wo er ununterbrochen 1½ Jahr wirkte, war die politische Hauptstadt und die blühendste Handelsstadt Griechenlands; Ephesus, wo er sich für 2½ Jahr niederließ, nachdem er schon zweimal vergeblich versucht hatte dorthin zu kommen,[7] war damals die erste Stadt Kleinasiens. Und fast alle die Orte, wo nach den vorhandenen Nachrichten in der apostolischen und der nächstfolgenden Zeit Christengemeinden entstanden, sind mehr oder weniger namhafte Städte. Es sind vor allem Städte und nicht Dörfer.[8] Es kommt gelegentlich zum Vorschein, daß es auch während der ersten zwei Jahrhunderte nicht ganz an Christen auf dem Lande fehlte. Nament-

lich die jüdischen Christen in Palästina und den nordöstlich
angrenzenden Gebieten wohnten zum großen Theil in Dörfern.
Als einst, wie es heißt, Kaiser Domitian aus Furcht vor
der Christenhoffnung auf das zukünftige Königreich Christi
zwei christgläubige Nachkommen des davidischen Hauses,
Enkel des Judas, des Bruders Jesu, nach Rom kommen
ließ und sich bei ihnen nach ihren Verhältnissen erkundigte,
gaben sie ihr gemeinsames Vermögen auf etwa 45,000
Mark an. Es war in Grundstücken angelegt, und die
Schwielen an ihren Händen beglaubigten ihre Versicherung,
daß sie dieselben mit eigener Hand bewirthschafteten.[9]
Nach dem Brief ihres Großonkels Jakobus (5, 1—9)
muß es unter den Christen Palästinas und der nächsten
Umlande, an welche das Schreiben in sehr früher Zeit ge=
richtet ist, nicht wenige Grundbesitzer und ländliche Tage=
löhner gegeben haben. Aber derselbe Jakobus nennt doch
vor den Landleuten die Handelsleute, welche, ohne ihre
Pläne unter den Willen Gottes zu stellen, sagen: „Heute
oder morgen wollen wir in diese oder jene Stadt reisen,
wollen ein Jahr dort liegen und Handel treiben und ge=
winnen." In der mangelhaften Verbreitung des Christen=
thums auf dem Lande war es wenigstens zum Theil be=
gründet, daß nach der Erhebung des Christenthums zur
Staatsreligion das Heidenthum auf den Dörfern sich am
längsten behauptete und Bauern (pagani) der gewöhnliche
Name für die Heiden wurde. Die Christen der ersten
Jahrhunderte waren also ganz überwiegend Städter, zu=
mal Großstädter, und gehörten schon darum zu den be=
weglichsten Bestandtheilen der Bevölkerung des römischen
Reichs. Nicht wenig mag dazu beigetragen haben, daß
die ersten Christengemeinden bei ihrer Gründung fast überall

an die Synagoge sich anschlossen und einen mehr oder weniger großen Bruchtheil der jüdischen Diasporagemeinden zu sich herüberzogen; denn diese Juden außerhalb des heiligen Landes waren ein bewegliches Volk, überall zu Hause, wo ein Geschäft zu machen war. War erst eine Ansiedlung von Glaubens- und Volksgenossen begründet, so entstand bald eine Synagoge, in welcher auch der reisende Rabbi sich konnte hören lassen (Apostelgesch. 13, 15) und hoffen durfte, selbst Heiden für das Gesetz seiner Väter zu begeistern (Matth. 23, 15).

Es kann uns demnach nicht wundern, daß die Christengemeinden in den großen und mittleren Städten eine bunte, rasch wechselnde Gesellschaft aus allerlei Volk und Land darstellten. Am Schluß des Römerbriefs lesen wir eine lange Reihe von Namen römischer oder richtiger in Rom lebender Christen, welche Paulus grüßt. Noch hat Paulus Rom nicht gesehen, und gerade weil er der großen Gemeinde im Ganzen noch fremd gegenübersteht, sucht er wie in der Darlegung der Lehre und der Beschreibung seines Berufswerks, so auch in den äußeren persönlichen Beziehungen alle Fäden hervor, welche ihn mit der römischen Gemeinde verbinden. Aber wie bedeutende findet er auch! Da steht an der Spitze das wohlbekannte Ehepaar Aquila und Priscilla. Juden, gebürtig aus Pontus an der Südküste des schwarzen Meeres, hatten sie schon vor ihrer Bekanntschaft mit dem Apostel in Rom ihr Geschäft, die Zelttuchfabrication betrieben. Ein Edict des Kaisers Claudius, welches die Verbannung der Juden aus Rom verfügte, veranlaßte ihre Uebersiedelung nach Korinth, wo Paulus sie vorfindet und sofort in ihrem Geschäfte, das er selbst einst erlernt hatte, lohnende Arbeit und in ihrem

Hause dauernde Aufnahme findet. Ihr Hauswesen kann nicht unbedeutend gewesen sein, da es von da an wiederholt als der Sammelplatz gottesdienstlicher Versammlungen genannt wird. Aber das hindert sie nicht, als Paulus 1½ Jahr später von Korinth aufbrach, mit ihm nach Ephesus überzusiedeln und, während der Apostel von da noch eine Reise nach Jerusalem machte, sich in Ephesus häuslich einzurichten und dadurch dem Apostel wiederum für die ganze Dauer seiner ephesinischen Wirksamkeit ein Quartier zu bereiten. Noch kurz ehe er Ephesus verließ, waren sie dort ansässig (1 Kor. 16, 19). Als Paulus etliche Monate später von Korinth aus seinen Brief nach Rom schrieb, waren Aquila und Priscilla zum zweiten Mal nach Rom übergesiedelt, und eine christliche Gemeinde versammelt sich in ihrem Hause (Röm. 16, 3—5). Es liegt auf der Hand, daß dieser Umzug wie der vorige im Zusammenhang mit den Missionsplänen des Paulus steht. Dieser rühmt ihre ihm geleisteten aufopferungsvollen Dienste als einen Gegenstand des Danks aller Heidenkirchen. Aber diese Leute haben ihre unstäte Lebensweise nicht erst um des Evangeliums willen erwählt, sondern haben ihre bisherige Lebensweise in den Dienst des Evangeliums gestellt. Als Paulus auf Tod und Leben verklagt zum zweiten und letzten Mal in Rom gefangen lag, waren Aquila und Priscilla wieder in Ephesus; vielleicht waren sie mit andern Christen beim Ausbruch der neronischen Verfolgung zum zweiten Mal von Rom geflüchtet, um zum zweiten Mal in der kleinasiatischen Hauptstadt sich niederzulassen. Nicht sie, sondern ein anderer Christ aus Ephesus hatte die Reise nach Rom gemacht, um den von seinen Freunden verlassenen Apostel im Gefängnis aufzusuchen und seine Lage ihm zu erleichtern [10]). Außer diesem Ehepaar finden wir zu der Zeit, da Paulus nach Rom schrieb, dort noch eine ganze Menge besonders jüdischer Christen, welche noch vor kurzem im Orient gelebt hatten. Da werden, um nur das Deutlichere anzuführen, zwei Männer Andronicus und Junias genannt, die schon vor Paulus zum Glauben bekehrt und von hohem Ansehen unter den Aposteln zu Jerusalem waren. Da wird ein Rufus gegrüßt nebst seiner Mutter, welche Paulus wegen der mütterlichen Liebe, die er einst von ihr erfahren, auch seine Mutter nennt. Sie muß also früher im Orient gelebt haben; denn Rom hatte Paulus noch nicht gesehen. Nun wird in dem Evangelium des Marcus, welches in Rom geschrieben und zunächst für römische Christen bestimmt war, jener Simon von Cyrene, welcher statt des Herrn dessen Kreuz zur Richtstätte tragen mußte, ein Vater des Alexander und des Rufus genannt. Dieser Rufus im Römerevangelium, dessen Vater Simon zwar aus Cyrene, westlich von Egypten, gebürtig, aber zur Zeit der Kreuzigung in oder bei Jerusalem ansässig war, und der Rufus im Römerbrief, dessen Mutter mit ihm aus dem Orient nach Rom gekommen, muß ein und dieselbe Person sein. Welch' ein Wechsel der Wohnsitze und Schicksale auch in dieser einst jüdischen, dann christlichen Familie!

Verweilen wir noch einen Augenblick in Rom und versetzen uns in die Zeit um ein volles Jahrhundert später. Wir haben einen Bericht über ein Verhör, welches um b. J. 165 sieben Christen zu Rom vor dem Stadtpräfecten zu bestehen hatten. Es ist eine bunte Gesellschaft, zumeist nicht durch besondere im Christenthum dieser Leute liegende Gründe, sondern durch den Weltverkehr zusammengewürfelt.

Der Eine ist ein Sclave des kaiserlichen Hauses, aber in Cappadocien von christlichen Eltern geboren; der Andere, offenbar auch ein Sclave, ist gewaltsam seiner Vaterstadt Ikonium entrissen worden. Neben vier Männern und einer Frau mit griechischem Namen haben nur zwei Män= ner Namen von römischem Klang. Aber der eine von ihnen ist kein Römer; es ist der christliche Philosoph und Märtyrer Justinus [11]). Dieser ist als Bürger einer griechisch-römischen Colonie und Sohn heidnischer Eltern in Samaria geboren und aufgewachsen. Das Verlangen nach einer philosophischen Erkenntnis, welche Geist und Herz zugleich befriedige, hatte ihn in die Ferne getrieben, aus einer Stadt in die andere, aus einer philosophischen Schule in die andere, bis er am Meeresstrand zu Ephesus durch ein Gespräch mit einem unbekannten Greis von der Unzulänglichkeit seiner bisherigen Bestrebungen überführt und auf die Schriften der Propheten und der Freunde Christi hingewiesen wurde. Das Wanderleben, welches er als Jünger heidnischer Philosophie geführt, setzte er als Lehrer und Anwalt des Christenthums fort. Selbst den Mantel, woran man in jener Zeit den Philosophen erkannte, behielt er bei, um desto ungezwungener mit Heiden und Juden eine Unterhaltung anknüpfen und auf seine Philosophie, die christliche Wahrheit hinweisen zu können. Was ihn wie Andere von Land zu Land trieb, war nicht zum wenig= sten der damals weit verbreitete Drang, die classischen Stätten der Geschichte und die Denkmäler der Vorzeit mit eigenen Augen zu schauen. Er kam nach Italien und ließ sich in Kumä von den Fremdenführern das Haus zeigen, in welchem die Sibylle, die Prophetin der Urzeit, ihre Orakel sollte gegeben haben, auch die Urne, worin man ihre Asche bewahrte. Einen längeren Aufenthalt nahm er in Rom. Aber nach einiger Zeit finden wir ihn wieder in Ephesus. Auch Egypten hatte er gesehen, ehe er zum zweiten Mal nach Rom kam und dort als Verkündiger seines Glaubens mit den anderen Christen, in deren Gesellschaft wir ihn antrafen, zum Tode verurtheilt wurde.

Wenden wir uns von Rom, dessen besondere Anziehungskraft für die Christen ich nachher noch zu berühren habe, beispielsweise nach dem südlichen Frankreich. Wir haben ein Sendschreiben der beiden naheverbundenen Christengemeinden von Lyon und Vienne, wahrscheinlich der ältesten in Frankreich, worin sie den Christen Asiens und Phrygiens über eine so eben i. J. 177 überstandene blutige Verfolgung Bericht geben. Der Berichterstatter schreibt griechisch nicht nur, um von den Brüdern im Osten verstanden zu werden, sondern auch weil wahrscheinlich die Meisten, in deren Namen er schreibt, griechischer Herkunft waren. Beide Städte gehörten nicht wie Marseille und andere zu den griechischen, sondern zu den römischen Colonien im südlichen Frankreich. Aber der beide Gemeinden leitende Bischof von Lyon, welcher ein Opfer der Verfolgung wurde, trägt den griechischen Namen Pothinus. Sein Nachfolger, der Kirchenvater Irenäus, war ein geborener Kleinasiat. Er hatte in seiner Jugend in der Umgebung des Polykarp zu Smyrna gelebt. Nach einer neuerdings aufgetauchten Nachricht war er zur Zeit des Todes seines Lehrers (i. J. 155) als Lehrer in Rom thätig. Jetzt war er Presbyter, bald darauf Bischof von Lyon. Unter den wenigen dortigen Märtyrern, deren Namen der Bericht nennt, befand sich ein Arzt Alexander aus Phrygien, ferner ein Mann von Ansehen und römischem Bürgerrecht, Attalus, aus Pergamum, beide seit Jahren Glieder der Gemeinde zu Lyon. Es werden auch einige Männer und Frauen mit lateinischen Namen (Maturus, Sanctus, Blandina) erwähnt; aber wenn von dem Einen ausdrücklich bemerkt wird, daß er dem verhörenden Richter lateinisch geantwortet habe, und ebenso von jenem Attalus, daß er nach den äußersten Qualen der zuschauenden Menge in lateinischer Sprache das Unrecht ihrer Verläumdungen vorgehalten habe, so sieht man beides: die Stadt war vorwiegend römisch, die Christengemeinde vorwiegend griechisch. Und noch eine dritte Sprache, die der eingeborenen Kelten, kam hinzu. Der Bischof, der auch das ungebildete Volk der Umgegend gewinnen wollte, mußte sie erlernen [12]. Nicht überall war die Zusammensetzung der Christengemeinde so bunt wie hier an dem Knotenpunkt dreier Sprachen, und nicht überall die Bevölkerung so wechselnd wie in Rom. Es gab Provinzialkirchen von einheitlicherem und stetigerem Charakter, so die des vorderen Kleinasiens. Wenn ein Bischof von Ephesus am Ende des zweiten Jahrhunderts sich rühmen konnte, daß bereits sieben Glieder seiner Familie vor ihm das bischöfliche Amt innegehabt, so scheint das auf eine große Seßhaftigkeit hinzuweisen; aber sofort werden wir auch wieder ans Gegentheil erinnert, wenn er hinzufügt, daß er mit Brüdern aus der ganzen Welt zusammengetroffen sei und von diesen wie von seinen Vorfahren und aus der Schrift erfahren habe, was in der Kirche Rechtens sei.

Die Christen jener Zeit reisten erstaunlich viel, zunächst als Menschen wie andere Leute, freiwillig und unfreiwillig, als Sclaven und Handwerker, als Kaufleute [13] und Aerzte. In mancher Hinsicht war es ihnen, die sich überall auf Erden als Fremblinge und Pilgrime fühlten, leichter gemacht als Anderen, sich in jeder Fremde rasch heimisch zu fühlen. Ueberall fanden sie Glaubensgenossen, welche es für eine besonders heilige Pflicht hielten, die Brüder aus der Fremde gastlich aufzunehmen. Die Tugend der Gastfreundschaft stand im Alterthum überhaupt in höheren Ehren und reichlicherer Uebung als bei uns. Es war wohl eher eine Folge als die Ursache hiervon, daß das Gasthofswesen im Vergleich zu dem sonstigen Cultur= stand auch in der Kaiserzeit noch sehr unentwickelt war. Wer die Wirthshäuser meiden konnte, der überließ sie gerne den Fuhrleuten und Matrosen [14]). Der vornehme Mann führte nicht selten auf Reisen eine ganze häusliche Ein= richtung und bequem eingerichtete Zelte mit sich. Der römische Beamte traf von Tagereise zu Tagereise vom Staat unterhaltene Posthäuser, wo er Quartier fand. Wer an einem fremden Orte irgend einen näheren Bekannten oder auch nur den Freund seines Vaters oder Oheims wußte, war der gastlichen Aufnahme bei diesem gewiß. Es bildeten sich feste gastfreundschaftliche Verhältnisse, welche in den Familien sich forterbten und durch Empfehlungsbriefe oder durch Mittheilung der Marken, welche nach altem Brauch bei Stiftung der Gastfreundschaft zu ewigem Andenken gewechselt waren, immer weiter sich verzweigten. Die Christen standen sämmtlich von Haus aus in solchem Ver= hältnis zu einander. Das Glaubensbekenntnis, das ein Jeder vor der Taufe seinem Gedächtnis eingeprägt und bei der Taufe abgelegt hatte, nannten sie ihr Erkennungs= zeichen, ihr Symbol, woran die persönlich Unbekannten sich als Gastfreunde erkennen sollten [15]). Freilich genügte das christliche Bekenntnis und der Brudername allein nicht in der argen Welt. Beides wurde misbraucht. Der Christ, der an einen Orte reiste, wo er keine persönlichen Bekannten hatte, reiste daher von Anfang an kaum ohne Empfehlungsbrief; und selbst, wo es ihm nicht an persönlichen Beziehungen fehlte, sollte ihn ein Schreiben seines Gemeindevorstandes der fremden Gemeinde empfehlen, die er durchreisend berührte oder zum dauernden Wohnsitz erwählte. Wir besitzen keine alten Beispiele solcher kirchlichen Reisepässe; aber aus Briefen, welche ihres sonstigen Inhalts wegen des Aufhebens werth erschienen, sehen wir, in wie einfachem Tone sie gehalten waren. Sie kennen die Empfehlung, womit Paulus die Diakonisse Phöbe aus Kenchreä nach Rom schickte (Röm. 16, 1 f.). Am Schluß eines Schreibens an die Philipper aus dem Anfang des zweiten Jahrhunderts sagt ein Bischof: „Ich schicke euch diesen Brief durch Crescens, den ich euch im Hinblick auf diesen Augenblick schon früher empfohlen habe und jetzt aufs neue empfehle. Er ist untadelig unter uns gewandelt; ich vertraue aber, daß er sich ebenso unter euch halten wird. Seine Schwester aber laßt euch empfohlen sein für den Fall, daß sie zu euch kommt" [16]). Auch Eitelkeit wurde mit solchen Empfehlungsbriefen getrieben. Wer in einer Verfolgung unter Gefahr oder Qual den Glauben bekannt hatte, wünschte etwa, daß er in dem Reisepaß als Bekenner bezeichnet werde, und es mußte auf einer Synode beschlossen werden, daß solch' eitles Begehren nicht zu berücksichtigen sei, sondern die einfache Bezeugung des christlichen Charakters Jedem genügen solle. Wer aber so empfohlen in die Fremde reiste, konnte auch darauf rechnen, daß er überall, wo es Christen gab, freundliche Aufnahme und „Beistand in allem Geschäft" finden werde. Das

Wort des Weltrichters: „Ich bin ein Gast gewesen und
ihr habt mich beherbergt" (Matth. 25, 35), und das
Beispiel des Erzvaters, der „ohne sein Wissen Engel be=
herbergt" (Hebr. 13, 2) klingen wieder und wieder in der
altkirchlichen Literatur. Im zweiten Jahrhundert wählte
ein angesehener Schriftsteller, Melito von Sardes, die
Gastfreundschaft schon zum Gegenstand einer besonderen
Schrift. Die Uebung der Gastfreundschaft galt als eine
Ehrensache der Gemeinden und als ein Grabmesser ihres
geistlichen Zustandes [17]). Die Bischöfe zumal sollten sie
sich angelegen sein lassen, nicht bloß in dem Sinne, daß
sie den übrigen mit gutem Beispiel voranzugehen hatten;
ihnen lag auch die Sorge dafür ob, daß die zunächst an
sie gewiesenen Fremden in der Gemeinde ein Unterkommen
fanden und, soweit sie einer Unterstützung bedurften, aus
Gemeindemitteln eine solche erhielten. In älterer Zeit
genügte die freiwillige Gastlichkeit der wohlhabenderen
Christenhäuser dem Bedürfnis. Vom dritten Jahrhundert
an wurden in den größeren Städten, an den belebteren
Straßen, nachher bei den Klöstern christliche Herbergen
gegründet. Ein Laie von ungewöhnlichem Reichthum im
fernen Osten des Reichs und der christlichen Welt hatte
an der zur persischen Grenze führenden Straße fünf Tage=
reisen weit solche Herbergen angelegt und Herbergsväter
eingesetzt, welche jeden Christen, aber auch nur Christen,
unentgeltlich zu bewirthen hatten [18]). Wer etwa hundert
Jahre später die großen Mönchsniederlassungen in Egypten
besuchte, wurde eine Woche lang im Fremdenhaus umsonst
beköstigt. Wollte er länger bleiben, so wurde er im Garten
oder in der Küche oder Bäckerei des Klosters angestellt
und mußte sich wie die Mönche mit seiner Hände Arbeit

das Brod verdienen. Dem gebildeteren Gast gab man auch ein Buch zu lesen [19]). In den größeren Städten waren solche Herbergen kirchliche Einrichtungen im engeren Sinn, vom Bischof beaufsichtigt, nicht selten mit Armen- und Krankenhäusern verbunden [20]), eine Verbindung, an welche uns noch heute der Name Hospital erinnert, welcher ja ursprünglich das gastliche Haus, erst später das Kranken- haus bezeichnet. Diese christlichen Einrichtungen haben sich so rasch verbreitet und so gut bewährt, daß der Kaiser Julian, welcher durch Nachäffung christlicher Einrichtungen dem Heidenthum aufhelfen und der Kirche den Rang ab- laufen wollte, unter anderm auch Fremdenhäuser anzulegen befahl und ganz nach christlichem Muster Reisepässe ein- führte, welche ärmeren Reisenden Aufnahme in denselben erwirkten. Für die ärmeren Reisenden waren auch die Herbergen der Christen hauptsächlich bestimmt. Es wird einem vornehmen Römer, welcher in Portus, der Hafen- stadt Roms, ein großartiges Fremdenhaus errichtet hatte, besonders nachgerühmt, daß er auch für Aufnahme Solcher gesorgt hatte, die wohl etwas zahlen konnten [21]).

Großartiger jedoch als diese Stiftungen der Reichen, der Bischöfe, der Klöster, war die Gastfreundschaft, wodurch die Christen in den Jahrhunderten des Drucks und der geringeren Wohlhabenheit einander die Fremde zur Heimat machten, und diejenigen zumal aufopfernd unterstützten, welche in Sachen des gemeinsamen Glaubens den Wander- stab ergreifen mußten. Deren waren nicht Wenige. Die Christen nahmen ja nicht nur Theil an dem raschen Blut- umlauf der damaligen Welt; sie hatten auch ganz besondere innere Antriebe und äußere Veranlassungen das Weite zu suchen. Sie hatten vor Allem das Gebot ihres Herrn,

das Evangelium bis an die Enden der Erde zu tragen.
Zumal im ersten Jahrhundert setzte der Missionsberuf der
Kirche die edelsten Kräfte in Bewegung und zwar seiner
Natur nach in eine äußere Bewegung. Sie kennen die
Geschichte des Apostels Paulus; und ich darf nicht versuchen, Ihnen in wenig Augenblicken wieder ins Gedächtniß
zu rufen, wie dieser Mann fast ohne Ruh und Rast von
Syrien bis nach Spanien sein Evangelium gepredigt hat;
wie oft er, wo das briefliche Wort nicht ausreichte, um
den Einfluß auf die durch ihn begründeten Gemeinden
ungeschwächt zu erhalten, an den Orten früherer Wirksamkeit persönlich wieder aufgetreten ist; wie er auch
Jerusalem mehr als einmal wieder besucht hat, um den
Zusammenhang zwischen der jüdischen Mutterkirche und
der Heidenkirche nicht zerreißen zu lassen; wie viele andere
Männer er in das Interesse seines Berufs und in die
Bewegung seines Lebens hineingezogen hat als Gehülfen
in der Predigt, als Gesandte an die Gemeinden, als
Ueberbringer von Briefen, als zeitweilige Stellvertreter,
wo größere Pflichten oder die Ketten, die er trug, ihn
hinderten, persönlich zu erscheinen. In so großem Stile
wie Paulus hat freilich kein Anderer Mission getrieben;
aber einen ganz anderen Eindruck wie jetzt würden wir
von der bewegenden Macht der Missionsarbeit jener Zeit
empfangen, wenn die Geschichte der übrigen Apostel und
der gleichzeitigen Missionare zweiten und dritten Rangs
in gleich hellem geschichtlichem Licht stünde, wie die des
Paulus. Die Sage hat das Meiste in Nebel gehüllt.
Nur der Erfolg verbürgt uns, daß es bis zum Tode des
letzten Apostels fast auf allen Straßen des damaligen
Weltverkehrs an einer beträchtlichen Zahl von Boten des

Evangeliums nicht gefehlt hat. Der Bestand der Kirchen nach der Mitte des zweiten Jahrhunderts läßt es auch glaub= würdig erscheinen, was die Geschichte berichtet, daß noch während der ersten Jahrzehnte dieses Jahrhunderts nicht wenige Missionsreisen auch nach solchen Gebieten unter= nommen wurden, wohin das Evangelium bis dahin nicht gekommen war. Es trat ein Stillstand ein, seitdem die Grenzen des römischen Reichs erreicht, an einigen Punkten auch überschritten waren. Die Christen, welche überall unter vorwiegend heidnischer Bevölkerung angesiedelt waren, brauchten nicht zu reisen, um ihrer Missionspflicht zu ge= nügen. Trotzdem geschah es zuweilen. Einen Lehrer der theologischen Schule zu Alexandrien scheint es beschämt zu haben, daß die Kaufleute seines Wohnorts Jahr aus Jahr ein ihre Schiffe von den Häfen des rothen Meeres nach Ostindien fahren ließen. Er begleitete sie einmal wenigstens bis zur Hälfte des Weges und wirkte eine Zeit lang an der Südküste Arabiens für die Verbreitung des Christen= thums. Zu seiner Verwunderung fand er dort bereits Christen jüdischer Herkunft, welche ihm ein hebräisches Evangelium zeigten.

Solcher vergessener Christengemeinden und fast ver= lorener Posten gab es nicht viele. Fast alle Theile der Kirche standen vielmehr in einem sehr lebhaften officiellen Verkehr mit einander, welcher ebensosehr von dem welt= bürgerlichen Sinn der alten Christen zeugt, als er dazu beitrug, diesen Sinn lebendig zu erhalten. Er ersetzte zum Theil den Mangel jeder gesetzlichen Zusammenfassung der zerstreuten Einzelgemeinden zu einer einheitlichen Kirche.

Anfangs war jede Ortsgemeinde eine souveräne Ge=

noſſenſchaft, von Vorſtehern geleitet, welche der Regel nach
aus ihr ſelbſt hervorgegangen waren, und es fehlte jede
Form der Unterordnung dieſer Gemeinſchaften unter eine
höhere kirchenregierende Gewalt. Kein Wunder, daß große
Verſchiedenheiten der kirchlichen Sitte, der Formen des
Gottesdienſtes, der Gemeindeverfaſſung zwiſchen den Kirchen
der verſchiedenen Länder ſich herausbildeten, welche erſt all-
mählig nicht ohne Kampf ausgeglichen wurden, oder auch
zu dauernden Spaltungen führten. Aber das Gefühl der
Zuſammengehörigkeit aller Chriſten wurde nur geſteigert
durch ihre weite Zerſtreuung in einer Welt, die ſie als
Feinde behandelte. Die mehr oder weniger bedrängte Lage,
in der ſich alle befanden, der durch die allgemeinen Verkehrs-
verhältniſſe gegebene Austauſch auch der chriſtlichen Bevölkerung, die inneren Gefahren, womit die raſch nach
einander auftauchenden Irrlehren den Fortbeſtand der Kirche
bedrohten, die Stärkung, welche das Bewußtſein von der
weltumfaſſenden Aufgabe der Kirche und von dem unver-
änderlichen Weſen der chriſtlichen Wahrheit durch die Be-
rührung mit den Chriſten gerade der entfernteſten Gegenden empfing: das alles half dazu mit, daß man über die
Grenzen der Ortsgemeinde und der Landſchaft hinaus mit
dem Bewußtſein einer kirchlichen Pflichterfüllung die Gemeinſchaft pflegte. Man benutzte die Gelegenheiten eifrig
und man ſuchte ſie oft in auffälliger Weiſe, um in mög-
lichſt weitem Umkreis der Gemeinſchaft des Glaubens Aus-
druck zu geben.

Wenn in einer Gemeinde eine Streitfrage nicht zu
allſeitig befriedigender Entſcheidung gebracht werden konnte,
ſo wandte ſie ſich an eine andre mit der Bitte um ein
Gutachten, und nicht gerade immer an die nächſte Nach-

~barfirche, wo vielleicht ähnliche Verhältniſſe ein unbefangenes Urtheil erſchwerten, am liebſten an eine große Gemeinde apoſtoliſcher Stiftung, an welcher die Ueberlieferung chriſt=licher Sitte und Lehre einen unverdächtigen Zeugen zu haben ſchien, oder dahin, wo ein bedeutender Biſchof über die Grenzen ſeiner Kirche hinaus Anſehen und Vertrauen genoß. Aber auch ungefragt erlaubte ſich ein Mann von kirchlichem Anſehen wohl ein Wort der Mahnung an eine Gemeinde, der er nicht angehörte; und ungebeten nahm nicht ſelten eine Gemeinde der Angelegenheiten der andern ſich an. Wir beſitzen ein ausführliches Sendſchreiben, welches die Gemeinde von Rom am Ende des erſten Jahrhunderts an die zu Korinth richtete, um die durch einige unruhige Köpfe veranlaßte Abſetzung mehrerer dortiger Geiſtlichen wieder rückgängig zu machen und überhaupt die zerrüttete Ordnung des dortigen Gemeindelebens wieder=herzuſtellen. Die Römer ſagen nicht, daß die Korinther ihren Rath erbeten haben; ſie können ſich auch nicht auf ein geſchichtlich begründetes Abhängigkeitsverhältnis der dortigen Gemeinde zu der römiſchen berufen. Ebenbürtig ſtehen ſich die beiden größten Gemeinden Griechenlands und Italiens gegenüber; wenn eine, dann hätte die korinthiſche den älteren und unzweideutigeren Anſpruch darauf, eines Apoſtels Stiftung zu heißen. Aber ſie muß es ſich gefallen laſſen, daß die römiſche Gemeinde über's Meer hinüber von dem chriſtlichen Recht brüderlicher Zurechtweiſung Gebrauch macht. Dieſe thut es in würdiger, ja ehrerbietiger Form, aber auch mit dem Eifer, womit man das Feuer in des Nachbars Haus löſchen hilft.

Hundert Jahre ſpäter war es Sitte geworden, daß innerhalb der einzelnen Provinzialkirchen die Vertreter der

Gemeinden entweder aus bestimmten Anlässen zur Erle-
digung schwebender kirchlicher Fragen und schwieriger Dis-
ciplinarfälle, oder auch in regelmäßiger Wiederkehr zu
Synoden zusammentraten. Gerade der lebhafte Verkehr
zwischen den verschiedenen Theilen der Kirche war nicht
selten der Anlaß zu Verhandlungen dieser Art, indem die
von auswärts gekommenen Christen nicht immer ihre heimatliche Tradition sofort der Sitte opfern wollten, welche sie
in der neuen Heimat herrschend fanden. Aber dieselben
Verhältnisse machten auch rasch die Streitfragen, welche
zunächst eine einzelne Provinzialkirche bewegten, zu einem
Gegenstand allgemeiner kirchlicher Verhandlungen. Um's
Jahr 170 war in Kleinasien ein Streit um den rechten
Zeitpunkt der Osterfeier ausgebrochen, dessen religiöse Bedeutung nicht mit wenigen Worten anzugeben ist. Zwanzig
Jahre später war diese Frage ein Gegenstand heftiger Er-
örterungen zwischen der kleinasiatischen und der römischen
Kirche; und bald fanden auf der ganzen Linie von Frank-
reich bis über den Euphrat hinüber Provinzialsynoden
statt, welche die Ergebnisse ihrer Berathungen den im
Streit liegenden Kirchen mittheilten. Es war ein General-
concil, dem nur das gemeinsame Versammlungslokal fehlte.
Man hatte keine Kirchenzeitungen, durch die man erfahren
konnte, was kürzlich am anderen Ende der christlichen Welt
sich zugetragen habe; aber mit unvergleichlich größerer
Lebhaftigkeit als in unseren in die Staatsgrenzen eingesperrten
Kirchen wurde es damals im ganzen Körper der Kirche
empfunden, wenn ein Glied zuckte. Nach der Mitte des
zweiten Jahrhunderts trat in einem phrygischen Dorfe ein
Mann auf, welcher in sehr exaltirter Gemüthsverfassung
vom Verderben der Kirche, vom nahen Weltende, von der

Offenbarung des Tröster-Geistes durch ihn selbst weißsagte. Zwei Frauenzimmer schlossen sich als Prophetinnen an; und es schien das Sprichwort, daß der Prophet im Vaterland nichts gilt, an ihnen zu Schanden werden zu sollen. Sie fanden großen Anhang in ihrer Heimat. Aber noch ehe sich über diese Bewegung in der Umgebung ihres Ursprungs ein festes und gemeingültiges Urtheil gebildet hatte, hatte sie sich ins Abendland fortgepflanzt und gewann bald die größte Bedeutung für die innere Entwickelung der gesammten Kirche. Seit der Zeit wurde es Regel, daß kirchliche Streitfragen von einiger principieller Bedeutung innerhalb weniger Jahre die Kirche in allen drei Erdtheilen in Anspruch nahmen.

Nicht immer jedoch waren es die großen Fragen des kirchlichen Lebens, welche einen lebhafteren Verkehr entfernter Gemeinden veranlaßten. Man nahm auch Theil an Leid und Freud von vorübergehender Bedeutung, und gerade bei solchen Gelegenheiten zeigte sich unter den Christen eine Macht des Gemeingeistes, welche auf die Heiden einen geradezu unheimlichen Eindruck machte. Wie eine über die ganze Welt verzweigte Verschwörung vaterlandsloser und staatsfeindlicher Schwärmer erschien ihnen die Christenheit. Wenn Einer auch noch so fern von seiner Heimat in Haft gebracht wird, sofort ist er von Glaubensgenossen umringt, die ihn begrüßen und aus Gemeindemitteln ihm Gutes erweisen wollen. „Eine unglaubliche Schnelligkeit beweisen sie," sagt ein Heide, „wenn's so eine gemeinsame Sache gilt. Sie opfern mit einem Wort Alles [22]." Das zeigte sich einmal in rührender Weise, als der Bischof Ignatius, der in seiner Heimat Antiochien zum Thierkampf verurtheilt war, zum Zweck der Execution durch

Kleinasien und Macedonien nach Rom transportirt wurde. Glieder seiner Gemeinde reisten auf kürzerem Wege nach Rom, um ihrem Bischof in den letzten Stunden nahe zu sein und jede mögliche Hülfe zu leisten. Wo er auf seinem Transport den Wohnsitz einer Christengemeinde berührte, wurde er begrüßt und, soweit es die Laune seiner militärischen Begleitung gestattete, auf's Beste verpflegt. Mehr als einmal wurde er eine Strecke Wegs von Christen begleitet. Die Nachricht von seiner Durchreise eilte ihm voran, so daß er in Smyrna nicht nur von der dortigen Gemeinde und ihrem Bischof Polykarp, sondern auch von Gesandtschaften mehrerer abseits von seinem Wege liegender Gemeinden empfangen wurde. Als ihm bald darauf in Troas von einem antiochenischen Christen, der ihm eiligst nachgereist war, die Freudenbotschaft gebracht wurde, daß der Sturm der Verfolgung in Antiochien sich gelegt habe, band er es den Gemeinden, mit welchen er kürzlich bekannt geworden war, auf die Seele, daß sie das Band der Gemeinschaft zwischen ihnen und der fernen Gemeinde in Antiochien, welches durch seine unfreiwillige Reise geknüpft war, durch Briefe und Boten, durch Glückwünsche und Nachrichten weiter befestigten. Er selbst benutzte die kurzen Tage der Rast auf der beschwerlichen Reise dazu, möglichst Vielen für die erfahrene Liebe brieflich zu danken. Er hatte sich zu Hause gefühlt in der Fremde. Nicht viele Christen, welche ihr offenes Bekenntnis mit den Staatsgesetzen in Conflict brachte, wurden auf so weitem Wege zum Tode geführt wie Ignatius. Aber Viele wurden auch zur Zwangsarbeit in Bergwerken und Steinbrüchen verurtheilt, wohin sie oft von weither deportirt wurden. Das führte Christen aus den entgegengesetzten Himmelsgegenden zusammen. Christliche Steinhauer aus Rom fanden in den Steinbrüchen von Slavonien einen Bischof von Antiochien.²³) Reichere Gemeinden schickten den christlichen Sträflingen in den Bergwerken Geldunterstützungen und machten keinen Unterschied zwischen den fremdländischen Christen und den eigenen Gemeindegliedern. Ein Trupp solcher Sträflinge aus Griechenland, welche wahrscheinlich auf Sardinien oder in Spanien gearbeitet und dort die Wohlthätigkeit der römischen Gemeinde erfahren hatten, kehrte um 170 über Rom in die Heimat zurück. Die herzliche Aufnahme, welche sie dort gefunden, gab dem Bischof von Korinth Anlaß, dem Bischof und der Gemeinde von Rom in den wärmsten Ausbrücken seinen Dank auszusprechen.²⁴) Ausführliche Berichte über die Leiden und Triumphe ihrer Märthrer schickten die Gemeinden über Land und Meer einander zu. Solche Sendschreiben werden nicht ohne Antwort geblieben sein; galt es doch nicht als thörichter Luxus, auch aus weiter Ferne einer Gemeinde zum guten Ende einer Verfolgungszeit oder zur passenden Wiederbesetzung des erledigten Bischofsstuhles Glückwünsche zu senden.²⁵) Den Werth, welche man auf solchen Verkehr legte, erkennt man auch an der Art, wie die kirchlichen Sendschreiben befördert wurden. Ein öffentlicher Postdienst stand der christlichen Kirche natürlich ebensowenig wie irgend einer anderen Gesellschaft oder Privatperson zur Verfügung. Die Briefe mußten durch Gelegenheit oder durch eigene Boten überbracht werden. Häufig thaten jüngere Geistliche niederen Ranges diesen Dienst. Aber, wenn die Sache von Bedeutung und die Entfernung nicht allzu groß war, liebte man es, angesehene Glieder und Vorsteher der Gemeinde zu beauftragen, Männer, die im Stande waren, das geschriebene

Wort durch ihr mündliches Zeugnis zu bekräftigen, und welche schon durch ihr bloßes Erscheinen bezeugten, wie hoch man die Pflege der kirchlichen Gemeinschaft schätzte.[26]

Zuweilen ersetzte auch der Besuch hevorragender Persönlichkeiten die briefliche Correspondenz der Kirchen. Polykarp von Smyrna hat noch kurz vor seinem Tode als ein beinah hundertjähriger Greis die weite Reise von Smyrna nach Rom unternommen, um mit dem Bischof von Rom über kirchliche Angelegenheiten Rath zu pflegen. Man kann sich vorstellen, welchen Eindruck es machte, als der ehrwürdige Greis, der noch mehr als einen Apostel gesehen und aus deren Munde gehört hatte, was sie mit Jesus erlebt hatten, eines Sonntags den römischen Bischof in der Verwaltung des Abendmahls vertrat. Die Ausdehnung der Zeit, welche die Kirche damals schon von ihrem Ursprung, wie die Ausdehnung des Raumes, welche ihre zerstreuten Glieder von einander trennte, mußte in solchem Augenblick wie getilgt erscheinen. Polykarp war damals keine verfallene Ruine, sondern mit der körperlichen Rüstigkeit und geistigen Frische, welche im Jahr darauf noch seine Häscher und Henker in Staunen setzte, zeugte er von der Wirklichkeit der Thatsachen, auf welchen der Christenglaube beruht, und überzeugte auch Solche, die darin wankend geworden waren. Ein Besuch wie dieser gab mehr, als er dem Gast einbrachte. Andere reisten, um sich theologisch auszubilden, um ihren kirchlichen Gesichtskreis zu erweitern, um die Stätten von berühmter Vergangenheit und die Brennpunkte des kirchlichen Lebens durch eigene Anschauung kennen zu lernen. Wer im zweiten Jahrhundert eine gelehrte theologische Bildung erwerben wollte, soweit damals von einer solchen die Rede sein konnte, war vorwiegend darauf angewiesen, den bedeutenden Lehrer aufzusuchen. Einer, der selbst später ein Lehrer Vieler geworden ist, Clemens von Alexandrien, erzählt uns, wie er nach einander zuerst in Griechenland, dann in Unteritalien, darauf im Orient, unter anderem auch in Palästina seine Lehrer gefunden, bis ihn zuletzt Einer auf die Dauer fesselte, den er in Alexandrien als Vorsteher der sogenannten katechetischen Schule fand. Diese Schule, ursprünglich dazu bestimmt, die gebildeteren Heiden, welche christlichen Unterricht begehrten, auf die Taufe vorzubereiten, entwickelte sich zu einer Art von Hochschule christlicher Theologie, zu welcher aus immer größerer Ferne die jungen Männer hinströmten, welche eine gelehrte Vorbildung für den höheren Kirchendienst suchten. Der größte Lehrer dieser Schule, Origenes, sah sich nach vieljähriger Wirksamkeit in Alexandrien durch Mißhelligkeiten mit seinem Bischof veranlaßt, seinen Wohnsitz in Cäsarea in Palästina zu nehmen; aber auch dort sammelten sich bald Schüler um ihn, welche seine theologische Richtung in weiten Kreisen verbreiteten. Es war ein enges Band, wodurch die theologische Schule von ausgeprägtem Charakter ihre Jünger in allen Landen mit einander verknüpfte. Auch die, welche sich nie gesehen hatten, sahen sich als geistlich Verwandte an, verständigten sich rasch über die Frage der Zeit und hielten zusammen in den kirchlichen Parteikämpfen. [27]) Ich will nicht versuchen, an dem wechselvollen Leben des Origenes ausführlich zu zeigen, wie wenig Hindernisse die allgemeine Weltlage und die kirchlichen Verhältnisse damals der weitreichendsten Wirkung des bedeutenden Mannes bereiteten; wie Origenes von Alexandrien und dann von Cäsarea aus von Bischöfen und Synoden, denen seine theologische Gelehrsamkeit fehlte,

3*

von römischen Beamten und von Gliedern der kaiserlichen Familie, die durch den auch unter den Heiden berühmt gewordenen Gelehrten über das Christenthum belehrt sein wollten, bald nach Griechenland, bald nach Arabien, nach Antiochien und nach Athen geladen wurde. Um ein volles Bild von der Theilnahme der Christen an allen Vortheilen des Weltverkehrs zu gewinnen, müßte man neben Origenes den wenig älteren Julius Africanus stellen. Schon in jungen Jahren hatte dieser, wahrscheinlich noch als Heide, den Fürstenhof von Edessa besucht. In höherem Alter in Emmaus ansässig, führte er eine Gesandtschaft seiner Mitbürger nach Rom, um vom Kaiser Elagabal städtisches Recht für Emmaus zu erbitten. Nach Alexandrien war er gereist um einen berühmten Lehrer zu hören. Ganz beiläufig erwähnt er in seiner Weltchronik, daß er sowohl Parthien als Phrygien gesehen habe. Eine so ausgebreitete Weltkunde war eine Seltenheit. Aber Beispiel von etwas damals schon Häufigem ist uns Origenes, sofern er vor seiner Niederlassung in Palästina schon zweimal das heilige Land besucht hat und, wie er selber sagt, „den Fußspuren Jesu und seiner Jünger und der Propheten nachgegangen ist." Er war nicht der Erste, den es dahin zog. Schon in den sechziger Jahren des zweiten Jahrhunderts konnte sich ein Presbyter zu Smyrna vor dem heidnischen Richter auf seine eigene Anschauung vom todten Meer als einem Denkmal der göttlichen Strafgerechtigkeit berufen. Er hatte ganz Palästina durchreist. [29]) Wenig später hören wir von einem Bischof von Sardes, der an dem Ort, „wo das ewige Heil vollbracht und verkündigt worden", bei den Juden in Palästina sich genaue Auskunft über den Umfang ihres alten Testaments geholt hatte. Vierzig

Jahre später reist ein Bischof aus Kappadocien nach Palästina, um dort zu beten und die heiligen Stätten kennen zu lernen. Es gefällt ihm so wohl, daß er sich bewegen läßt, seine heimatliche Gemeinde im Stich zu lassen und als Bischof von Jerusalem sein Leben zu beschließen. Doch erst vom vierten Jahrhundert an, nachdem Kaiser Constantin und seine Mutter die heiligen Stätten durch prächtige Bauten geschmückt, und sodann die Mönche das Land mit ihren Klöstern und jeden Berg, jede Höhle mit ihren Fabeln bedeckt hatten, wurde Palästina das Ziel endloser Wallfahrten.

Viel größere Anziehungskraft übte auf die Christen der ersten Jahrhunderte Rom aus, freilich nicht, als ob die Todesstadt des Paulus und des Petrus ihnen heiliger gewesen wäre als Golgatha und Bethlehem, was später die Palästinapilger den Gegnern dieser Wallfahrten auf- rückten. Wohl wiesen die Gemeinden, an deren Sitz ein Apostel gestorben war, schon damals mit Stolz auf sein Grab; aber der Zug der reisenden Christen ging über- haupt noch nicht nach den Gräbern, sondern nach den Orten des regsten und mannigfaltigsten Lebens. Es war, als ob Paulus die Losung gegeben hätte, als er sagte: „Darnach muß ich auch Rom sehen". Den zum Tode ver- urtheilten Märtyrer Ignatius freut es, daß er zum Zweck der Execution gerade nach Rom transportirt wird, und so sein Wunsch, diese große Gemeinde zu sehen, sich erfüllt. Origenes unterbrach einmal seine Lehrthätigkeit in Alexan- brien, um „die uralte Kirche der Römer zu besuchen." Ein römischer Geistlicher, welchen gelehrte Interessen mit Origenes verbanden, unterließ es nicht, sogar in der Predigt auf die Anwesenheit des berühmten Gastes aus

Alexandrien hinzuweisen [29]). Schon gegen die Mitte des zweiten Jahrhunderts machte ein Christ aus Palästina, welcher nachmals seine Reisestudien in einem Werke niedergelegt hat, eine Reise nach dem Westen, um die wichtigsten Kirchen kennen zu lernen. In Korinth blieb er etliche Tage, Rom fesselte ihn Jahre lang. Nach Rom trachteten zumal auch diejenigen Männer, welche unbefriedigt vom Gemeinglauben der Kirche ein davon unabhängiges Lehrsystem und eine, wie sie meinten, höhere Auffassung des Christenthums zu verbreiten suchten. In Rom, dem Mittelpunkt des Weltverkehrs, mußte festen Fuß fassen, wer auf möglichst weite Kreise der Kirche eine Wirkung üben wollte. Und das wollten jene Irrlehrer des zweiten Jahrhunderts; meist nur wider Willen wurden sie Sectenstifter. Ob sie Reformation der Kirche verlangten, oder ob sie, wie die Meisten von ihnen vorläufig nur Duldung forderten für ihre Sonderlehre als eine Sache der engeren Schule und als Religion der höher angelegten Naturen, an ihrem weltumfassenden Beruf zweifelten diese Männer alle nicht. Darum ward Rom ihr Sammelpunct, wohin sie von Egypten, Syrien, Kleinasien sich wandten, die Meisten um Rom nicht wieder zu verlassen. Bis ins dritte Jahrhundert hinein blieb Rom der Sammelplatz für alle möglichen ketzerischen Lehrer und Lehren.

Ein Grund, warum diese Lehrer meist nicht da endigten, wo sie angefangen, und warum überhaupt die selbstständigen Geister in der alten Kirche oft den Wohnsitz änderten, lag auch darin, daß, wer in einem kirchlichen Kreise in Conflicte gerathen war, hoffen durfte in einem anderen eine günstigere Aufnahme oder doch eine unparteiischere Beurtheilung, jedenfalls aber vorläufig einen neuen

Boden für seine Wirksamkeit zu finden. Bis zu einem gewissen Grade billigte die älteste Kirche dies Verfahren. Man erkannte, daß es unter Umständen für alle Theile heilsamer sei, wenn einem verschobenen Verhältnis durch freiwillige Auswanderung ein Ende gemacht werde. Bei Gelegenheit jener kirchlichen Revolution in Korinth, deren ich vorher gedachte, drang die römische Gemeinde darauf, daß die Anstifter derselben ihr Unrecht bekennten und der Majorität der Gemeinde, die sich von ihnen hatte terrorisiren lassen, sich wieder unterwürfen. Aber auch für den Fall ihrer Unterwerfung schien es nicht wahrscheinlich, daß ihnen ein friedliches und gedeihliches Zusammenleben mit denen, deren Frieden sie gestört hatten, gelingen werde. Daher appellirt die römische Gemeinde an den Edelsinn jener Männer und aller derer, deren Anwesenheit der Herstellung eines dauerhaften Friedens im Wege stehen mochte, und fordert sie auf, Korinth zu verlassen. Die Römer schreiben: „Wer ist edel unter euch? wer barmherzig und liebevoll? Der spreche: „wenn um meinetwillen Aufruhr und Streit und Spaltungen sind, so gehe ich hinweg, wohin ihr wollt, und thue, was mir die Mehrheit gebietet, daß nur die Heerde Christi mit ihren bestellten Aeltesten in Frieden lebe!" Wer das thut, der erwirbt sich einen großen Ruhm in Christo, und jeder Ort wird ihn aufnehmen. Denn dem Herrn gehört die Erde und Alles was darinnen ist."

Das war in der That der Sinn der Christen in jenen alten Zeiten mehr als in späteren Jahrhunderten. „Jedes fremde Land ihr Vaterland, und jedes Vaterland ein fremdes [30]." So lehrte sie es nicht bloß ihre Rechtlosigkeit im heidnischen Staat, sondern vor allem auch der

Glaube an ihr unveräußerliches Bürgerrecht in dem himm=
lischen und zukünftigen Gottesstaat, ein Recht, welches dem
Einzelnen ins Herz geschrieben wird, aber auf allgemeine
Gnade gegründet ist, nicht ein Privilegium einer Nation
oder gar einiger bevorzugter Stände, sondern ein Geschenk
Gottes an die Menschheit. Wenn die Christen die ganze
Welt ohne Unterschied als den Boden ansahen, der unter
Gottes Segen überall die edelsten Blüten und Früchte
tragen könne, wenn sie die Menschheit höher stellten, als
die Nation und die auf freie Ueberzeugung gegründete
Gemeinschaft werther hielten, als den auf Geburt, Recht
und Zwang gegründeten Staat, so kam ihnen die Welt=
lage und die Zeitstimmung einigermaßen entgegen. Aber
den entscheidenden Schritt von der Phrase zur That
hat in dieser Hinsicht doch erst die christliche Kirche
gethan. Während z. B. der griechisch gebildete Heide,
mochte er Römer oder Asiat oder wirklich ein Grieche
sein, trotz aller kosmopolitischen Redensarten fortfuhr, mit
Verachtung auf den Barbaren herabzusehen, bezeugten es
die Christen offen und gerne, daß die Stammväter des
verachteten Judenvolks ihre geistlichen Ahnherrn und der
gekreuzigte Judenkönig ihr Herr und sein Evangelium die
wahre, wenn gleich „barbarische Philosophie“ sei. Und sie
handelten darnach. Wenn in gewissen Kreisen der jüdischen
Christenheit der Nationalstolz, welcher hier durch den re=
ligionsgeschichtlichen Vorrang Israels eine religiöse Berech=
tigung zu haben schien, als kirchentrennende Macht sich
bewies, so wurde der schlecht verhüllte Hochmuth, womit
man dort auf die Heidenchristen herabsah, und der glü=
hende Haß, womit der große Heidenapostel in Wort und
Schrift verlästert wurde, von der heidenchristlichen Kirche

un[eres Wiſſens nicht erwidert. In der großen Kirche
unter den Heidenvöllern galt in der That der Jude nicht
weniger als der Grieche, und beide nicht mehr als der
Scythe oder ſonſt ein Barbar (Kol. 3, 11). Gerade
deſſen rühmte ſich die Kirche mit beſonderem Stolze, daß
Leute, welche weder eine der Weltſprachen zu ſprechen noch
irgend eine Sprache zu ſchreiben verſtanden, den gemein-
ſamen Glauben der Kirche in ihrer Sprache bekannten.
Man hört nicht, daß die Verſchiedenheit der Nationalität
oder der Abſtand der Bildungsſtufen innerhalb der heiden-
chriſtlichen Gemeinden irgendwo den kirchlichen Frieden ge-
ſtört hätte. Man erblickte aber auch keine Gefahr in dem
raſchen Austauſch der kirchlichen Bevölkerung und der bun-
ten Zuſammenſetzung der großſtädtiſchen Gemeinden. Gerade das galt als ein Grund des wachſenden Anſehens
der römiſchen Gemeinde, daß Chriſten aus allen Ländern
immer aufs neue ihr einverleibt wurden und der Tradition
der apoſtoliſchen Wahrheit hier eine ſicherere, weit breitere
Grundlage gaben [31]). Die Geſchichte der alten Kirche be-
ſtätigt dies Urtheil. Jene jüdiſchen Chriſten in den Dörfern von Oſtpaläſtina und Syrien ſperrten ſich ab gegen
den Verkehr mit der allgemeinen Kirche, auch ſoweit ſie
nicht vom Haß gegen das Heidenchriſtenthum erfüllt waren.
Sie hielten zum Theil ängſtlicher als die ungläubigen
Juden an ihrer Nationalität feſt; ſie laſen das alte Teſta-
ment nur in ihrer Mutterſprache und hatten nur ein ein-
ziges hebräiſches Evangelium in Gebrauch. Aber damit
unterbanden ſie ſich auch die Adern und friſteten Jahrhunderte lange ein kümmerliches ſectenhaftes Daſein. Ein
bedeutſameres Beiſpiel für den Schaden der Ausſcheidung
aus dem lebendigen Zuſammenhang mit der Geſammtkirche

ist die Kirche des vorderen Kleinasiens. Dichtgebrängt saßen dort in den volkreichen Städten blühende Gemeinden, Pflanzungen des Paulus und seiner Gehülfen, Pfleglinge des Johannes und anderer apostolischer Männer bis zum Ende des ersten Jahrhunderts. Im zweiten Jahrhundert war diese Provinzialkirche wohl die bedeutendste, geistig regsamste, zuletzt auch literarisch productivste von allen. Bald nach dem Anfang des dritten Jahrhunderts ist sie aus der Geschichte wie verschwunden. Keine Thatsache von kirchlicher Bedeutung, kein Name eines Schriftstellers, kein Titel eines Buches bezeugt uns, daß es dort noch eine Kirche gab. Der erkennbare Grund dieser plötzlichen Veränderung liegt darin, daß der schon einmal erwähnte Streit um die Osterfeier, in welchem die Kleinasiaten eine provinzielle Eigenthümlichkeit gegen das Urtheil der meisten Kirchen hartnäckig behaupteten, mit einer Kirchenspaltung endigte. Der römische Bischof that die Kleinasiaten in den Bann, freilich nicht unter allgemeiner Billigung. Dieser Vorfahr der Päbste mußte sich von anderen Bischöfen in strafendem Tone daran mahnen lassen, daß nicht die Uniform der kirchlichen Sitte, sondern die Gleichheit des Glaubens von jeher das Band der Kircheneinheit gewesen sei. Aber die Folge blieb, daß die Kirchen von Ephesus und Smyrna von dem Verkehr mit der allgemeinen Kirche ausgeschlossen waren. Ueber sie hinweg reichten die Bischöfe des Abendlandes denen im fernen Osten die Hand. Mit der Absonderung vom kirchlichen Weltverkehr trat Stagnation ein. Als dann endlich Constantin der Große die Beseitigung der fast vergessenen Kirchenspaltung durchsetzte, geschah das für diese Landeskirche zu spät. Sie hat nie wieder ihre frühere Bedeutung gewonnen.

Darf ich zum Schluß eine Lehre aus der Geschichte ziehen, so ist es vor allem die negative, welche sich unmittelbar aus dieser geschichtlichen Betrachtung ergiebt: Nicht in der rascheren Bewegung des Weltlebens, welcher auch die Kirche sich nicht entziehen kann, liegt eine große Gefahr; und nicht in der Stetigkeit kirchlichen Lebens, wie sie im engen Rahmen der Landschaft, des Volksstammes sich ganz von selber macht, liegt eine Bürgschaft für die Gesundheit der Kirche. Fragen wir aber, was die älteste Kirche in Stand gesetzt hat, in einer unruhig bewegten, von Cultur übersättigten Welt, unter zerrütteten socialen Verhältnissen und unter dem Druck eines feindseligen Staatswesens ein tüchtiges Gemeinleben herzustellen und die seligmachende Wahrheit wesentlich unverletzt zu bewahren für die Geschlechter und Völker, denen sie später sollte gepredigt werden, so war das vor allem der Geist der Freiwilligkeit, wovon Alles getragen war; es war ferner die Treue gegen das kurzgefaßte Bekenntnis des Glaubens, welches als die allein unveränderliche Norm alles Anderen galt und das einzige greifbare Band der Kircheneinheit war; es war wenigstens bis tief ins zweite Jahrhundert hinein die Duldung großer Mannigfaltigkeiten in Bezug auf Alles, was die Formen der Gemeindeverfassung und des gottesdienstlichen Lebens anlangt; es war endlich die Beweglichkeit, womit die Kirche eben darum, weil sie treu und frei war, an jedem Punkte der Welt den Verhältnissen entsprechend sich einzurichten und in die böse Zeit sich zu schicken mußte. In diesen Stücken ist die Kirche der ersten Jahrhunderte ein Vorbild für alle Zeiten.

Anmerkungen.

1) Philo leg. ad Caium §. 2 nennt die Länder zwischen Euphrat und Rhein „die wichtigsten Theile der Welt, welche man im eigentlichen Sinne Welt nennen könnte." — In Bezug auf die Grenzsperre vgl. Marquardt, Röm. Staatsverw. I, 420 f. Daß mir für den ersten Theil des Vortrags Friedländers Darstellungen aus der Sittengesch. Roms (besonders Bd. II, 3—148 der 2. Aufl.) gute Dienste geleistet haben, sei ein für allemal bemerkt. Auch Forbigers „Rom im Zeitalter der Antonine" (Hellas und Rom. Erste Abtheilung, Bd. I) und Stephan's Aufsatz über das Verkehrswesen im Alterthum (F. v. Raumer's histor. Taschenbuch 1868, S. 1—136) boten einige Thatsachen.

2) In Bezug auf Antiochien s. z. B. Chrysost. opera ed. Montfaucon II, 189 B; 651 A; IV, 26 C; VII, 105 A.

3) Iren. IV, 30, 3: Sed et mundus pacem habet per eos (sc. Romanos), et nos sine timore in viis ambulamus et navigamus quocumque voluerimus. Cf. Origen. c. Cels. II, 30; Euseb. praep. ev. I, 4, 4; Martyr. Ignatii Vatic. c. 6 (Patr. apost. opp. ed. Gebhardt, Harnack, Zahn II, 311, 23—30). Jüdische und heidnische Aeußerungen siehe bei Friedländer II, 4 f. Nicht ganz selten wird jedoch in der christlichen Literatur der Straßenräuber gedacht. Luc. 10, 30; 2 Kor. 11, 26; Clem. Alex. qui dives §. 42 in der Nähe von Ephesus; Eus. V, 18, 9 in derselben Provinz; Gregor. Thaumaturg. paneg. in Orig. c. 16 extr. auf der Reise von Palästina nach Pontus. Auch die Schilderung bei Tatian orat. 18 besonders am Ende scheint aus dem Leben gegriffen zu sein.

4) Lucian. de morte Peregrini 35. Ein Beispiel von Benutzung der Staatspost aus der vorconstantinischen christlichen Literatur findet sich Greg. Thaum. paneg. in Orig. c. 5. Die dort neben

der ἐξουσία πλειόνων τῶν δτμοσίων ὀχτμάτων τῆς χρήσεως: ge-
nannten σύμβολα sind wohl Empfehlungskarten und Logisanweisungen,
uneigentliche tesserae hospitales.

⁵) Corp. I. Gr. p. 3920. Im Commentar dazu vol. III., 37
wird ebenso wie bei Friedländer II, 15 Anm. 1 und S. 35 Anm. 2
darauf bestanden, daß ἐργαττής hier negotiator heiße.

⁶) Lucian. somn. c. 7 als Tadel der Wissenschaft im Munde
der Brodkunst, c. 15 als Lob im Munde der Wissenschaft selbst und
ihres folgsamen Schülers. Das encom. patriae, wo c. 6 der
Gegenstand kurz berührt wird, ist eine kühle Stilübung. — Eine
charakteristische Benennung der hellenischen Bildung bei Clem. Al.
strom. II §. 52 τὰ μαθήματα, ἐφ᾽ ἃ στέλλονται τὰς ἀποδημίας τὰς
διαπουτίους. Vergl. auch Hieron. ep. 46, 9 (Vallarsi I, 204).

⁷) Außer der zweiten Missionsreise kommt, wenn ich nicht irre,
auch die erste in Betracht. Die Route von Perge nach dem pisidischen
Antiochien deutet die Absicht an, nach den großen Plätzen der West-
küste vorzubringen. Der wunderlich nach Südosten abbiegende Weg
von dort nach Ikonium, Lystra und Derbe erklärt sich aus der Apostelgeschichte nicht. Nehmen wir dagegen mit Anderen an, daß die gala-
tischen Gemeinden des Galaterbriefs die in der Provinz Galatia ge-
legenen lykaonischen Gemeinden sind, so dürfen wir vermuthen, daß
die Krankheit des Apostels, welche der Anlaß seines Predigens unter
den Galatern gewesen (Gal. 4, 13), ihn bewogen hat, statt der Ausführung des ursprünglichen größeren Plans nur die naheliegenden
lykaonischen Städte aufzusuchen und dann zurückzukehren.

⁸) „Ueberall in der Kirche" heißt nach altkirchlicher Statistik
„in jeder Stadt" (Hegesipp bei Eus. h. e. IV, 22, 3). Vergl. „die
auswärtigen Städte" Herm. vis II, 4, „von Stadt zu Stadt"
Ign. ad. Rom. 9, 3. — Christen auf dem Lande I Clem. ad
Corinth. 42, 4; Plin. ad Trai. 96, 9; Justin. apol. I, 67; mart.
Polycarpi c. 5—7, wo jedenfalls christliche Bauernhöfe gemeint
sind; Montanus aus einer Dorfgemeinde Euseb. V, 16, 7; in
Phrygien das erste Beispiel eines Bischofs auf dem Dorf Eus. V,
16, 17; 18, 13 (ob derselbe wie V, 16, 5?), während sonst von
Landgeistlichen erst nach Mitte des dritten Jahrhunderts die bekannten
Zeugnisse vorliegen. Bei Tertull. apol. 1 noch ganz so wie bei
Plinius als Steigerung über das Selbstverständliche, was Tertullian

nicht erſt zu ſagen braucht: in **agris**, in **castellis**, in **insulis** Christianos. cf. ad. uxor. II, 4. Auch Orig. c. Cels. III, 9: „nicht nur bie Städte, ſondern auch bie Dörfer unb Höfe."

9) Eus. h. e. IV, 20. Damit iſt nicht geſagt, ob dieſe Enkel bes Jubas aus ber „Stabt Nazareth" ober aus bem „Dorf Kokaba" (Epiphan. haer. 29, 7; 30, 2) herkamen. Von beiben Orten, welche Afrikanus „jübiſche Dörfer" nennt, haben ſich nach bemſelben bie Nachkommen ber Familie Jeſu verbreitet (Eus. I, 7). Ungefähr in bie Zeit bes Afrikanus reichen auch bie Nachrichten bei Assemani bibl. or. II, 395.

10) 2 Tim. 1, 16 ff. 4, 19. Vergl. Hofmann, H. Schrift N. T. VI 238 ff. 304. 308. Daß Aquila unb Priscilla zur Zeit bon Kol. 4, 11 nicht in Rom waren, ſcheint mir ziemlich gewiß.

11) Ich folge ber Ueberlieferung, baß Epheſus ber Ort bes Geſprächs mit Trypho (Eus. IV, 18, 6), bann aber auch ber Bekehrung Juſtins (dial. 2 p. 219 D) iſt, mag bieſelbe nun in bem ausgefallenen Stück bes Dialogs (Grabe, spicil. II, 160 ſ. ber 2. Ausg.) begründet geweſen ſein, ober nicht. Ferner halte ich bie cohortatio ad Graecos für ein Werk Juſtins. Dann muß aber ber Aufenthalt in Egypten unb bie Abfaſſung bieſer Schrift ber Abfaſſung ber Apologien unb bes Dialogs gefolgt ſein.

12) Iren. I prooem. cf. I, 10, 2; III, 4, 1: quantum ad sermonem nostrum barbari sunt.

13) Wenn Tatian (orat. 11) verſichert, er als Chriſt möge ſich ebenſowenig wegen unerſättlicher Habſucht auf Seereiſen begeben — als ob bies Motiv ſich bon ſelbſt verſtünbe —, als bei ben gymniſchen Spielen um ben Kranz ſich bemühen, ſo ſtellt Clemens ben Seefahrer zwiſchen ben Ackerbauer unb ben Solbaten unb forbert nur, baß er ben himmliſchen Steuermann anrufe (protrept. §. 100). Sehr bezeichnend iſt bie Ausführung bes Irenäus (IV, 30, 1): „Wir alle führen mäßigen ober großen Beſitz mit uns, ben wir bom Mammon ber Ungerechtigleit erworben haben. Denn woher haben wir bie Häuſer, bie wir bewohnen, bie Kleiber, bie wir tragen, bie Geräthe, bie wir gebrauchen, unb alles übrige, was zu unſerem langjährigen (diuturnam, vielleicht diurnam) Leben gehört, wenn nicht aus ben Mitteln, bie wir noch als Heiben aus Habſucht uns erworben ober von heibniſchen Eltern ober Verwanbten ober Freunden, bie es mit Ungerech-

tigkeit erwarben, empfangen haben? um nicht zu sagen, daß wir's auch jetzt noch, da wir im Glauben stehen, so erwerben. Denn wer verkauft und will vom Käufer keinen Gewinn ziehen? Wer kauft und will nicht, daß der Verkäufer mit ihm in einer für ihn nützlichen Weise handle? Wer treibt kaufmännische Geschäfte zu einem andern Zwecke, als sich zu ernähren? Und vollends die Christen am kaiser-lichen Hof, haben sie nicht ihren Lebensbedarf aus kaiserlichen Mitteln, und theilt nicht Jeder von ihnen den Bedürftigen nach seinem Ver-mögen davon mit?" Vgl. mein Buch über Hermas S. 81. Anmer-kung 1 und 3. — Cyprian (de lapsis 6) sagt von Bischöfen, welche ihre bischöflichen Sitze verlassen und fremde Provinzen durchreisend die Märkte besuchen, wo man gute Geschäfte machen kann, und auch von solchen, welche durch Zinsnehmen ihre Kapitalien vergrößern. Be-kanntlich urtheilte man über Letzteres in der alten Kirche sehr un-günstig, führte die alttestamentlichen Bestimmungen dagegen an (Clem. Al. strom. II § 84; Tertull. adv. Marc. IV, 17. Cypr. testim. III, 48) und fand es eines Propheten ebenso unwürdig wie das Würfelspiel (Apollonius bei Eus. V, 18, 7 u. 11), bis es am An-fang des 4. Jahrhunderts den Geistlichen (can. Nic. 17 vgl. Hefele Conciliengesch. I, 421 f. 2. Aufl.; can. Arelat. 12; Laod. 4; apost. 43 al. 44), zuweilen aber auch den Laien (can. Illib. 20) ganz untersagt wurde. Aber zu schweigen von dem „Geldwechsler Theodotus" (Hippol. refut. VII, 36), so erzählt Hippolytus (refut. IX, 12), ohne einen Tadel hierüber anzudeuten, daß der christliche Sclave und spätere Bischof Kallistus von seinem gleichfalls christlichen Herrn zur Begründung eines Bankgeschäftes Capitalien vorgeschossen bekam, und daß viele Christen, besonders auch Wittwen durch ihre Einlagen an diesem Geschäft sich betheiligten: eine Thatsache, welche ich in der neuesten Darstellung des Gegenstandes von Funk (Theol. Quartalschr. 1875. S. 214 ff. 226 Anm.) kaum berührt und gar nicht gewürdigt finde.

14) Die durch die Kürze gebotene Einseitigkeit des Ausdrucks möge man aus Forbiger a. a. O. I, 3 f. 42 f. oder Friedländer II, 31 ff. ergänzen. Dem Häretiker Valentin (bei Clem. strom. II. §. 114) gilt das Wirthshaus als ein Local, in welchem sich Jeder-mann rücksichtslos und unsauber aufführt.

15) Diese Deutung des Wortes „Symbolum" erscheint wenigstens

auch berechtigt, wenn man die beiden Stellen Tert. praescr. 20 (contesseratio hospitalitatis etc.) und c. 36 (quid [sc. ecclesia Romana] cum Africanis quoque ecclesiis contesserarit) im Zusammenhang und unter sich vergleicht.

[16]) Pol. ad Philipp. 14. Zum Folgenden vergl. Hefele Conciliengesch. I, 165 über den 25. Kanon von Elvira. Weiterhin ist das Kapitel über die Gastfreundschaft in G. Arnold's Wahrer Abbildung der ersten Christen S. 493—506 nicht ohne Nutzen gelesen worden. Dort z. B. die Hinweisung auf das schwülstige Empfehlungsschreiben des Salvianus (ep. 1 ed. Rittershusius p. 311—316). Ganz im Irrthum ist Arnold, wenn er unter Berufung auf martyr. Polyc. 7, 2 es so darstellt, als ob die Christen auch gegen Heiden Gastfreundschaft geübt hätten. Wie es unziemlich war, Heiden in Anspruch zu nehmen, wo Christen wohnen (3 Joh. 7), so wird überall als selbstverständlich vorausgesetzt, daß die Pflicht der Gastfreundschaft sich nur auf die Brüder beziehe 1 Petr. 4, 9. 1 Tim. 5, 10. Clem. strom. II §. 41. Tert. praescr. 20 extr. S. auch Anm. 17 und dazu den Text oben S. 24.

[17]) I Clem. ad Corinth. 1, 2 (10, 7; 11, 1; 12, 1) und dagegen c. 35, 5. Von den Vorstehern besonders verlangt oder geübt: 1 Tim. 3, 2; Tit. 1, 8 (1 Tim. 5, 10; 3 Joh. 10); Herm. sim. IX, 27. Cypr. ep. 7 (p. 485, 10 ed. Vindob.). Der can. Antioch. 25 und can. apost. 40 (al. 41) setzen voraus, daß der Bischof persönlich, aber aus kirchlichen Mitteln Gastfreundschaft zu üben hat. Cf. Just. apol. I, 67 p. 99 A.

[18]) Ein älteres Beispiel ist mir nicht bekannt als das in Disput. Archelai et Manetis c. 4 (Routh rel. sacr. V, 42 sq. ed. 2) cf. c. 1—3. Hiefür wird der Bericht glaubwürdig genug sein und für die Zeit um 280 gelten.

[19]) Pallad. histor. Lausiaca ed. Meursius p. 21. Ueber die Klosterherberge bei Bethlehem f. Hieron. ep. 66, 14 ad Pammachium.

[20]) Epiphan. haer. 75, 1 cf. § 2. 3. Basil. ep. 94 (ed. Paris. 1730. III, 188).

[21]) Hieron. ep. 77, 10 ad Oceanum; ep. 66, 11 ad Pammachium.

²²) Lucian. de morte Peregr. 13 nach der überlieferten Leseart.

²³) Passio quattuor coronat. in den Sitzungsber. der kaif. Akad. Histor. philol. Claffe 10. Bd. S. 120. 133 f. (Wien 1853).

²⁴) Ich hoffe nicht zu viel in Eus. h. e. IV, 23, 10 hinein-phantafiert zu haben. Griechifche Chriften, welche durch Rom nach Korinth zurückkehrten (τοὺς ἀνιόντας ἀδελφούς), find jebenfalls gemeint. An Bergwerksfträflinge läßt der Zufammenhang denken. Wenn unter Marc Aurel eine von höchfter Inftanz verfügte Begnadigung wie die Hippol. refut. IX, 12 p. 454, 44 sqq. gött. Ausg. berichtete nicht wahrfcheinlich ift, fo können diefe nullo idoneo auctore liberati oder auch zu anderweitiger Verwendung nach Griechenland zurück-transportirt worden fein (Plin. ad Trai. ep 32 al. 41).

²⁵) Für das Erftere vgl. Ign. ad Philad. 10. Smyrn. 11. ad Pol. 7—8, 1. Pol. ad Philipp. 13, 1; für das Zweite den Brief Alexanders an die Antiochener bei Eus. V, 11, 5; für beides etwa noch den Brief des Dionyfius von Korinth an die Athener bei Eus. IV, 23, 2 sq.

²⁶) Bei Cyprian kommen als Briefboten häufig Akoluthen, Lectoren, Unterbialonen, Dialonen vor (ed. Vindob. p. 571, 13; 612, 6; 616, 8; 677, 7; 810, 3). Wenn ein Presbyter einen Brief nach Rom bringt, ift er mehr als Bote p. 598, 17. — Der Pres-byter Irenäus (Eus. V, 4) ift mehr Gefandter als Briefbote. — Clemens Alex. war den Antiochenern als Schriftfteller bekannt, als ihn Alexander feinen Brief an diefelben bringen ließ (Eus. V. 11, 6). — Wie dem Petrus (1 Petr. 5, 12) ift auch dem Ignatius nicht jeder Bote gleich recht (ad Pol. 7, 2).

²⁷) Vgl. Alexanders Brief an Origenes bei Eus. VI, 14, 8 sq. und das berühmte Συλλουκιανιστά des Arius Epiph. haer. 69, 6.

²⁸) Acta Pionii bei Ruinart ed. 2 p. 142. Die unter den Neueren herrfchende Meinung des Cardinals Baronius, daß die auf uns gekommenen Recenfionen diefer Acten, worin Kaifer Decius ge-nannt wird, den Vorzug vor derjenigen verdienen, welche dem Eufe-bius vorlag und diefen Kaifernamen nicht enthielt, ift ein Irrthum, welchen ich hier nicht beiläufig und doch vollftändig widerlegen kann. Es genügt vielleicht vorläufig die Bemerkung, daß der Proconful Julius Proculus Quintilianus bei Waddington, Fastes des prov.

Aslat. §. 175 p. 268 geſchichtlich noch weniger werth iſt, als ſein Nachfolger Optimus. Denn während der letztere aus der Anrede optime proconsul (κράτιστε ἀνθύπατε) fingirte Name wenigſtens in mehreren Acten (Ruinart p. 158, 160) als ſolcher figurirt, iſt in allen Geſtalten der acta Pionii der Name Proclus von Quintilianus durch ein et getrennt, was auf das griechiſche Πρόκλος ὁ καὶ Κουϊντιλιανός zurückgeht. Das wird aber kein anderer ſein als der langnamige oder eigentlich doppelnamige Proconſul aus den Jahren 161—169 bei Waddington § 150 p. 232, obwohl das Julius in den Acten ihm nicht zukommt. Wann der Bericht geſchrieben iſt, iſt damit natürlich nicht geſagt. — Ueber Melito von Sardes cf. Eus. IV, 26, 14. — Das dritte Beiſpiel iſt Alexander Eus. VI, 11, 2. — Clemens Alex., deſſen paläſtinenſiſcher Aufenthalt (strom. I, 11) vielleicht ebenſowenig hieher gehört als der des Firmilian von Cäſarea (Eus. VI, 27), wurde ſchon vorher im Text erwähnt S. 35. — Schade, daß Hieronymus das Verzeichnis der Biſchöfe, Märtyrer und Gelehrten, welche in früheren Zeiten Paläſtina beſucht hatten, uns vorenthalten hat (ep. 46, 9). Der angeblich bis jetzt vollſtändigſte Katalog (Hiſtor. Taſchenbuch) 1875 S. 384) iſt in Bezug auf's dritte Jahrhundert wegen arger Confuſionen unbrauchbar.

²⁹) An dieſer Angabe des Hieronymus (vir. ill. 61) wird nicht zu zweifeln ſein. Vgl. Caſpari, Quellen zur Geſch. des Tauffymbols III, 374. 460. Dagegen dürfen die weiteren auf einer Nachläſſigkeit des Hieronymus und einer zweiten des Sophronius beruhenden Irrungen des Photius (cod. 121) nach dem, was Huetius (bei Lommatzſch vol. 22 p. 38 sq.) gezeigt hat, nicht ſo gütig beurtheilt werden wie von Caſpari a. a. O. S. 353 geſchehen iſt. Vgl. übrigens deſſen Zuſammenſtellung von Romreiſen S. 335 ff.

³⁰) Ep. ad Diogn. 5, 5.

³¹) Soviel wird man der vielgedeuteten Stelle des Irenäus (III, 3, 1 extr.) jedenfalls entnehmen dürfen.